Gerhard Wenzel

Das Geheimnis der zwei Kronen

Das ungewöhnliche Leben des Maximilian Kolbe

Mit Bildern von Yvonne Soutra

Herder Freiburg · Basel · Wien

Liebe junge Leser!

Was ich Euch in diesem Buch erzähle, ist nicht erfunden, sondern wirklich geschehen. Es ist die Geschichte von Raimund Kolbe, der vor fast 90 Jahren in einem kleinen Dorf in Polen auf die Welt gekommen ist und vor 40 Jahren umgebracht wurde. Es leben heute noch Menschen, die ihn gut gekannt haben. Auch der Mann, den er vor dem Tod gerettet hat und an dessen Stelle er gestorben ist, lebt heute noch, und ich habe ihn zweimal getroffen und mit ihm über Maximilian Kolbe gesprochen. Maximilian – diesen Namen wählte Raimund Kolbe, als er 16 Jahre alt war. Aber lest selber diese spannende Geschichte seines Lebens und Sterbens.

P. Gerhard Wenzel

Herstellung: Freiburger Graphische Betriebe 1982
ISBN 3-451-19693-X

Inhalt

1 Kind armer Leute

Der kleine Ort nahe der Stadt Lodz in Mittelpolen war tief eingeschneit. Mühsam bahnte sich ein Pferdeschlitten seinen Weg durch die weißen Gassen. Der Mann trieb das Tier zu größerer Eile an, denn er wollte vor dem Dunkelwerden wieder zu Hause sein. Ab und zu begegneten ihm dick eingehüllte Menschen. Es war kalt. Vor einer armseligen Hütte hielt der Mann das Pferd an, stieg ab und klopfte mit seiner schweren Faust an die Holztüre. Kurz darauf öffnete eine Frau. „Was ist?“ fragte sie. „Schnell, Marianna, es ist soweit!“ – „Mein Gott, jetzt schon?“ fragte sie erschrocken. „Immer im ungünstigsten Moment. Warte, ich bin gleich fertig.“

Marianna Kolbe war Hebamme, und sie wurde oft geholt, wenn irgendwo in der Umgebung ein Kind auf die Welt kam. Eilig packte sie alles Nötige zusammen und ging zur Türe. „Paß auf deinen Bruder auf, Raimund!“ rief sie ihrem neunjährigen Sohn zu, der in der Küche auf dem Boden lag und ganz in sein Spiel vertieft war. „Hast du gehört, Raimund?“ – „Ja, ja“, murmelte der Junge von unten herauf. Mit seinen Gedanken war er ganz woanders. Aus Karton und Papier bastelte er ein Ungetüm zusammen, das man mit viel Phantasie für eine Rakete halten konnte. Er träumte davon, mit diesem Fahrzeug bis zum Himmel zu fliegen. Mit seinen tollen Einfällen heckte er immer wieder Streiche aus, welche die Erwachsenen schon oft zur Verzweiflung gebracht hatten. Täglich kam er auf neue Ideen, und heute hatte er es sich in

1. Kind armer Leute

den Kopf gesetzt, eine Rakete zu bauen. Im Geiste stapfte er schon mit riesigem Helm und großen Stiefeln auf dem Mond und anderen Sternen herum. Er stellte sich vor, wie er fremde Wesen auf unbekannten Planeten besiegte und ihr König wurde. Schon sah er den Thron, auf dem er saß, und die Krone auf seinem Kopf. Daß sein kleiner Bruder daneben den Küchenschrank ausräumte, Zucker, Mehl und Salz durcheinandermischte, das bemerkte er gar nicht.

Seine Rakete stand auf einem Brett, das er über einen alten Schuh gelegt hatte. Das andere Ende ragte in die Luft. Sein Raumschiff war startklar. Mit der flachen Hand schlug Raimund kräftig auf das Brettchen, gerade als seine Mutter zurückkam. Sie mußte zusehen, wie sein Papiermonstrum quer durch die Küche auf den Herd zu flog und im Suppentopf landete.

„Heiliger Gott", rief sie, „hast du denn nie etwas Vernünftiges im Sinn?" Sie fischte die triefende Rakete aus dem Topf, der das Abendessen enthielt; bald würde der Vater von der Arbeit kommen. Dann sah sie die Bescherung, die der Jüngste auf dem Boden angerichtet hatte. „Was ist das?" rief sie erschrocken, „der schöne Zucker mit Salz vermischt! Und ich habe dir gesagt, du sollst auf ihn aufpassen." Jetzt fing die Mutter tatsächlich zu weinen an, als sie die sinnlose Vergeudung sah, wo sie doch kaum das Nötigste zum Essen hatten. „Was soll aus dir nur einmal werden?" klagte sie.

Raimund stand da vor seiner durchweichten Rakete, die alle Formen verloren hatte. Mit einem Schlag war er aus seinen Himmelsträumen auf die Erde zurückgeholt worden. „Was soll aus dir einmal werden?" klang es ihm noch in den Ohren, und er begriff, daß zwischen seinen Träumen und dem Leben auf der Erde doch ein kleiner Unterschied war.

2 Zwei Kronen für Raimund

Der Vater war heimgekommen, und sie hatten zu Abend gegessen. Schweigend hörte er den Bericht der Mutter und schaute Raimund mit sorgenvollen Augen an. Dann setzte er sich, ohne ein Wort zu sagen, an den Webstuhl, um ein angefangenes Tuch fertig zu weben. Es war eine mühselige Arbeit, und der Ertrag reichte kaum aus, eine Familie mit drei Kindern zu ernähren.

Raimund war es unerträglich im Zimmer. Eine Tracht Prügel wäre ihm lieber gewesen als dieses Schweigen. Leise schlich er hinaus und verkroch sich im Nebenraum. Dort war in einer Ecke neben dem Schrank eine winzige Kapelle eingerichtet mit einem Kreuz und dem Bild der Gottesmutter. Hier kniete er nieder und fing zu weinen an. Er kam immer hierher, wenn er traurig war und nicht aus noch ein wußte. Mit Tränen in den Augen schaute er hinauf zu der schönen Frau mit dem Kind, das zu ihm herablächelte. Und er fragte sich, ob er denn wirklich so böse sei. Er wollte doch einmal ein großer, berühmter Mann werden, ein Soldat, der für die Freiheit der Heimat kämpft. Er wollte doch ein guter Junge sein. Und dabei liefen ihm die Tränen wie zwei kleine Bäche über die Wangen. „Was soll aus mir einmal werden?" fragte er. Und wie er so ganz zerknirscht dakniete, schien es ihm, als bewegte sich das Bild der schönen Frau. „Willst du mein Soldat sein?" fragte sie. Raimund nickte heftig. Da zeigte sie ihm zwei Kränze, die wie zwei Kronen aussahen. „Welchen willst du?"

fragte sie. „Der weiße bedeutet, daß du die Reinheit bewahren wirst, der rote Kranz, daß du als Märtyrer für meinen Sohn sterben wirst.“ Raimund zögerte kurz, und sein Blick ging von einer Krone zur anderen, dann zum Gesicht der Gottesmutter und dann zum Kreuz. Und hastig sagte er: „Beide, alle zwei Kronen möchte ich!“ Das Gesicht über ihm lächelte, und als sich Raimund mit seinem Ärmel über die nassen Augen wischte, schaute das Bild wie immer.

In den folgenden Tagen bemerkte die Mutter eine Veränderung an ihrem Raimund. Er versuchte so artig und lieb zu sein, daß sie ganz verwundert war. Häufig sah sie ihn auch hinter dem Schrank verschwinden, und eines Tages fragte sie ihn, was denn mit ihm los sei. Er wurde verlegen und wollte nichts sagen. Da drängte sie ihn: „Vor der Mutter soll man keine Geheimnisse haben, ihr darf man alles sagen.“ Da erzählte er ihr sein Erlebnis und sagte, daß er der großen Frau sein Herz geschenkt hatte.

3 Abschied von zu Hause

Raimund hatte also sein Herz verschenkt, und die große, schöne Frau übernahm nun seine Führung. Sie wußte einen Weg, um aus dem hellen, erfindungsreichen Jungen einen tapferen Mann zu formen. Die Mutter Raimunds wunderte sich noch oft über die Änderung ihres Buben. Häufig wurde sie vom Kochtopf weg an ein Wochenbett gerufen. Dann hantierte Raimund mit der Pfanne und erfand neue, schmackhafte Speisen, daß die Mutter ganz überrascht war, wenn sie zurückkam.

Der Grund für die Änderung Raimunds lag darin, daß er sein ganzes Leben der hohen Frau anvertraut hatte. Sie sollte ihn führen. Sie würde einen Weg finden und das Versprechen wahr machen, ihm zwei Kronen zu schenken. Oft ging er zu ihrem Bild neben dem Schrank und redete mit ihr. Er schaute das Kind an, das sie ihm entgegenhielt, und dachte sich: Wenn sogar Gott seinen Sohn dieser Frau anvertraute und er sich bei ihr wohl fühlte, dann kann sie auch auf mich aufpassen, und ich werde bei ihr glücklich sein.

Die Mutter hatte eine Kranke zu pflegen und schickte Raimund zum Apotheker, Medizin zu holen. Sie schrieb ihm das schwierige Wort auf einen Zettel. Bis er zum Apotheker kam, wußte er es auswendig. „Was möchtest du, Kleiner?“ fragte ihn der Mann. „Valeriana officinalis“ kam es wie aus der Pistole geschossen. „Meine Mutter braucht's für eine Kranke.“ – „Gehst du denn in die Lateinschule, daß du dieses Wort so gut sprechen kannst?“ fragte ihn der

Apotheker. „Nein", antwortete Raimund, „aber mein großer Bruder; der darf studieren. Für uns beide reicht's nicht, wir sind zu arm."

Dem Apotheker gefiel das kecke Bürschchen. Er besann sich einen Augenblick und sagte dann: „Das ist aber schade, daß du nicht studieren darfst. Komm zu mir, dann gebe ich dir Lateinstunden, und du kannst mit deinem Bruder die Prüfungen machen."

Atemlos eilte Raimund heim und erzählte seiner Mutter, was der Apotheker ihm vorgeschlagen hatte. Die Eltern waren einverstanden, und von diesem Tag an bekam Raimund Lateinstunden in der Apotheke. Herr Kotowski hatte sich nicht getäuscht. Der Junge lernte rasch und hatte bald seinen älteren Bruder eingeholt. Glänzend bestand er die Prüfung für die zweite Klasse der Handelsschule. Besonders im Rechnen war er flink und konnte leicht alle Aufgaben lösen.

Seine Eltern hatten zu Hause ein kleines Lädchen eingerichtet, damit sie etwas dazuverdienen konnten. Hier half Raimund besonders gerne, bediente die Leute, rechnete zusammen und gab das Wechselgeld heraus. Um so schwerer fiel den Eltern der Entschluß, Raimund zur Schule zu schicken. Sie hatten gehofft, er würde zu Hause bleiben, den Beruf des Vaters erlernen, den Laden führen und ihnen helfen, wenn sie alt würden. Doch sie sahen, wie begabt ihr Junge war, wie gerne er lernte, und so entschlossen sie sich, Raimund zusammen mit seinem Bruder zur Schule zu schicken.

Einige Zeit später, 1907, als Raimund gerade 13 Jahre alt geworden war, hielten ein paar Priester der Franziskaner eine große Volksmission in Zdunska-Wola, dem Heimatort Raimunds. Die Patres hielten feurige Predigten, und besonders einer von ihnen sprach so schön von der Gottesmutter Maria, daß der kleine Raimund ganz begeistert war. Seine Augen hingen am Mund des Redners, der die Leute aufforderte, ihr Herz der hohen Frau zu schen-

ken. Sie würde es umformen und so gestalten, daß es ihrem Sohn Jesus gefallen würde. Am Schluß sagte er, die Franziskaner würden in ihrem Knabenseminar in Lemberg auch tüchtige Jungen aufnehmen. Da wußte Raimund, was er tun würde. Nach dem Gottesdienst ging er zu dem Pater und fragte: „Würdet ihr auch mich aufnehmen in eurer Schule?“ – „Warum nicht“, antwortete der Priester, „wenn du gut und gerne lernst.“ – „Das täte ich schon“, sagte Raimund, „aber mein Bruder und ich, wir sind zu arm. Unsere Eltern können nichts bezahlen.“ „Das macht nichts“, erwiderte der Priester, „bei uns sind viele arme Buben. Das wichtigste ist, daß du tüchtig bist und brav.“

Raimund erzählte zu Hause von seinem Gespräch mit dem Priester, und ein paar Monate später brachte Julius Kolbe, der Vater, seine beiden Buben schweren Herzens nach Lemberg.

4 Soldat oder Erfinder

Nun setzte Raimund sein Studium in Lemberg fort. Seine Lieblingsfächer waren Mathematik und Naturwissenschaften. Wie er als Kind manche Spiele erfand und viele Streiche ausheckte, so tat er es auch als Jugendlicher. Besonders gern spielte er Schach. Er erfand ein großes Schachbrett, auf dem er Stäbchen und Steine als seine Soldaten aufstellte. Dann schlug er Schlachten und besiegte die feindlichen Heere. Raimund dachte oft daran, Soldat zu werden, seine Heimat Polen zu befreien und dabei als Märtyrer zu sterben. Vielleicht war es das, was die hohe Frau von ihm wollte? Manchmal aber träumte er immer noch von Raketen und Weltraumfahrten. Er zeichnete Raumschiffe in seine Schulhefte und rechnete aus, wie sie fliegen müßten, um zum Mond zu kommen. Seine Schulkameraden staunten über seine Ideen, und die Lehrer wunderten sich über die Fragen, die er stellte.

Manchmal dachte Raimund auch daran, ins Kloster zu gehen und Priester zu werden. Aber dann könnte er ja nicht gegen die Feinde kämpfen, Städte erobern und sein Blut vergießen. Und Raketen erfinden erst recht nicht. Er fühlte sich mehr zu einem technischen Beruf geeignet, aber nicht zum Priester. Im Kloster müßte er die drei Gelübde ablegen: Armut, Gehorsam und Ehelosigkeit. Er müßte versprechen, den Oberen gegenüber gehorsam zu sein. Er dachte an sein kleines Hündchen, das er als Junge zu Hause hatte und das ihm aufs Wort folgte. Wenn er es mit seinem Horn rief, kam es sofort gesprungen. Aber er war doch kein Hund, der immer zu gehorchen hat. Er wollte Feldherr werden und Soldaten befehligen. Genauso schwer fiel ihm das mit der Armut. Er wollte reich werden, um Raketen zu bauen, Flugzeuge und Kanonen. Armut war hart und schwer. Er war immer arm gewesen. Im Kloster müßte er sich auf das Allernötigste beschränken. Da würde er sich vorkommen wie ein Baum, dem man alle Äste absägt. Am schwersten aber wäre vielleicht die Ehelosigkeit. Da müßte er ohne Frau und Kinder leben. Wenn das der Maßstab ist, dachte er, dann bin ich nicht dafür geeignet. Jemand hatte ihm einmal gesagt: „Ehelosigkeit, das schaffen nur die, die ihr Herz ganz Gott schenken. Das ist wie ein Sieb, da fallen die meisten durch, und nur die von Gott Berufenen bleiben übrig." Raimund glaubte nicht, für ein solches Leben berufen zu sein. Der heilige Franziskus freilich, nach dessen Vorbild die Franziskaner leben, gefiel ihm sehr. Als er ihn kennenlernte, war er begeistert von ihm. Dieser Mann war Jesus gefolgt und ihm ganz ähnlich geworden. So groß war seine Liebe zu Jesus, seinem Herrn, und zu Maria, seiner Herrin, daß ihm Gott sogar die Wundmale an Herz, Händen und Füßen schenkte, so wie sie Jesus hatte, als er am Kreuz starb. Raimund wäre Jesus auch gerne ganz gefolgt, aber er dachte: Das bringe ich nie fertig. Er wußte noch nicht, daß die hohe Frau ihn genau auf diesen Weg führen wollte und daß sie Raimund zu einem neuen und modernen Franziskus machen wollte.

Lange Zeit quälten Raimund die Zweifel, was er später einmal tun sollte. Oft betete er in der Kapelle und bat Maria, ihm zu zeigen, was richtig ist. Eines Tages wurde seine Unsicherheit so groß, daß er sich dachte: Jetzt geh ich zum Pater Direktor und sag ihm, daß das Ordensleben nichts für mich ist. Auf dem Weg dorthin rief ihm jemand zu: „Deine Mutter ist da!" O, da kann ich ja gleich mit ihr nach Hause fahren, dachte er sich. Doch es sollte anders kom-

men. Seine Mutter erzählte ihm, daß sein Vater und sie beschlossen hatten, beide ins Kloster zu gehen, weil alle Kinder jetzt groß und versorgt waren.

Raimund traf diese Nachricht wie ein Schlag. Da habe ich jetzt gar kein Zuhause mehr, dachte er rasch. Wohin soll ich gehen? Ich kann doch jetzt meiner Mutter nicht sagen, daß ich wieder heim will.

„Euer Plan ist gut, Mutter", sprach er dann laut, „ich hoffe, ihr werdet beide recht glücklich. Und betet auch für mich, daß ich den rechten Weg gehe!"

Sie verabschiedeten sich herzlich, und Raimund ging langsam in sein Zimmer zurück. Jetzt konnte er nirgendwo mehr hin. Ob ihm die Gottesmutter damit sagen wollte, daß er hierbleiben sollte? Nach einigen Wochen hatte Raimund seine Zweifel verloren. Er war sich jetzt sicher, daß Gott von ihm wünschte, er sollte ins Kloster gehen und Priester werden. Also nahm der Orden des heiligen Franziskus Raimund im September 1910 in die Reihen der Minderbrüder auf. Raimund erhielt den Namen Maximilian. Der alte Raimund war tot, und ein neuer Mensch, Maximilian, sollte nun ganz für Gott leben, kämpfen und sterben. An dem Tag, als Maximilian den schwarzen Rock mit dem weißen Gürtel bekam, betete er lange vor dem Bild der Gottesmutter und dankte ihr, daß sie ihn hierhin geführt hatte. Und er bat sie, ihm dabei zu helfen, daß er ihrem Sohn Jesus immer mehr ähnlich würde, wie Franziskus. In der Heiligen Schrift hatte Maximilian gelesen: „Sei getreu bis in den Tod, und ich werde dir die Krone des Lebens geben." Ja, er wollte ein treuer Kämpfer für Gott sein, wie er es der Gottesmutter versprochen hatte. Und er würde zwei Kronen bekommen, eine weiße und eine rote. Von heute an würde er Ernst machen, ein ganzer Soldat der Unbefleckten hohen Frau zu sein, die er so sehr liebte.

5 Die Kampftruppe Maximilians

Auch in seiner Probezeit, die Maximilian wie jeder Ordensmann zu bestehen hatte und die man Noviziat nennt, hatte er mit großen Schwierigkeiten zu kämpfen. Es fiel ihm oft schwer, gehorsam zu sein. Aber die Ordensoberen erkannten auch seine Begabung und schickten ihn deshalb zwei Jahre später nach Rom, damit er dort weiterstudierte. Nach wenigen Jahren machte er seine Prüfungen und wurde Doktor der Philosophie. Dann setzte er das Studium in der Theologie fort und beendete es ebenfalls mit großem Erfolg.

Im Januar 1917 hatte Maximilian ein schlimmes Erlebnis. Er sah zum ersten Mal Gegner des Christentums, die sich Freimaurer nannten, durch Rom ziehen. Sie feierten ein Fest und verteilten Flugblätter mit wüsten Beschimpfungen gegen die Kirche. Bis zum Vatikan marschierten sie. Dort wohnt der Papst, der Nachfolger des heiligen Petrus, den Jesus einst als Leiter seiner Kirche eingesetzt hatte. Feindselig schmierten diese Menschen gegen den Papst wilde Hetzparolen an die Mauern des Vatikans. Sie schrien: „Der Teufel wird im Vatikan regieren, und der Papst muß ihm dienen." Maximilian lief es eiskalt über den Rücken, als er das hörte. Der Haß dieser Menschen erschreckte ihn. Aber er empfand auch tiefes Mitleid mit ihnen, weil er wußte, daß solche Menschen niemals glücklich sein können. Er sagte zu sich: „Man müßte diesen armen Menschen helfen, die Wahrheit zu erkennen. Man müßte etwas unternehmen, um alle Menschen zur Wahrheit zu führen, damit sie die Liebe Gottes erkennen und ihn wiederlieben."

Jetzt begann Maximilian zu verstehen, daß er ein anderer Soldat werden müsse. Bisher hatte er immer noch geträumt, mit richtigen Waffen gegen Feinde zu kämpfen. Jetzt fing er an, zu begreifen, daß die Gottesmutter einen anderen Kampf wollte. Und langsam reifte in seinem Kopf ein Gedanke: Er wollte eine Kampftruppe gründen, die mit geistigen Waffen kämpft, nicht mit Gewehren und Panzern, sondern mit Gebet und Opfer und mit der Verkündigung der göttlichen Wahrheit. Dafür wollte er alle Mittel einsetzen. Maximilian begann mit seinen Kameraden zu sprechen und versuchte, sie von seiner Idee zu begeistern. Manche waren interessiert, und sie fragten ihn, wie er es anfangen wolle und was Maria dabei tun solle. Er erklärte ihnen: „Sie wird unser Feldherr sein. Wir sind ihre Soldaten. Schon der heilige Franziskus hat sie seine hohe Herrin genannt, und sie war schon immer die Königin unseres Ordens. Ihr wißt, daß die großen Männer unserer Ordensgemeinschaft sie besonders geliebt und verehrt haben. Und warum? Weil sie erkannt haben, welche Macht ihr Gott gegen das Böse gegeben hat. Nicht wir Menschen machen sie groß und ehren sie, sondern Gott hat sie groß gemacht und will, daß auch wir sie ehren. Sie ist voll der Gnade, und alles, was sie tut, tut sie in Gottes Auftrag. Ihr wißt doch alle, daß Satan die Welt beherrschen will. Von Anfang an hat er nichts anderes im Sinn, als die ganze Menschheit mit seinem Gotteshaß zu vergiften und zu verhindern, daß die Menschen in den Himmel kommen. Als erstes hat er Eva verführt, eine Frau. Deswegen hat Gott auch eine Frau auserwählt, die ihm helfen soll, den Satan zu besiegen. Das ist Maria, die Unbefleckte. Kein Flecken der Sünde ist jemals an sie gekommen. Sie war Gott ganz und gar gehorsam. Wenn wir ihr gehören, gehören wir Gott. Wenn wir ihr gehorchen, gehorchen wir Gott, denn sie tut nichts, was Gott nicht

will. Gott hat sie, die Unbefleckte, ausgesucht und hat ihr alle Macht gegeben, mit dem Teufel fertig zu werden. Deswegen müssen wir sie als unsere Feldherrin erwählen. Unter ihrem Schutzmantel sind wir sicher und geborgen. Unter ihrer Führung werden wir kämpfen und siegen." – „Aber was willst du denn tun, Maximilian? Sollen wir den ganzen Tag nur beten?" fragte ihn einer seiner Kameraden.

„Nein, natürlich nicht", antwortete er, „wir müssen auch etwas tun, wir müssen handeln. Beten ist wichtig, und dann wird uns Maria schon zeigen, was wir tun sollen. Wir müssen nur gut hinhören. In Lourdes ist Maria der kleinen Bernadette erschienen. Seitdem vertrauen der Papst und Millionen Christen in besonderer Weise auf die Gottesmutter, die frei ist auch vom kleinsten Flecken einer Sünde. Die Unbefleckte wird den Teufel besiegen, und wir werden mit ihr die Schlacht gewinnen."

„Und wie stellst du dir das im einzelnen vor, wie sollen wir beginnen?"

„Als erstes werden wir der Gottesmutter versprechen, daß wir ganz gehorsam sein werden, so wie sie selber zu Gott gesagt hat: ‚Ich bin eine Dienerin des Herrn.' Dann warten wir, was sie uns zeigt. Wir werden ihre treuen Soldaten sein und dem Teufel den Krieg erklären. Wir werden ihn mit seinen eigenen Waffen schlagen. Wenn viele böse Menschen reich sind und das Geld für Böses verwenden – wir wollen arm sein und das Geld für das Gute einsetzen. Wenn sie schlechte Filme in den Kinos zeigen – wir müssen gute Filme machen. Wenn es viele schlechte Bücher und Zeitungen gibt – wir werden gute drucken. Wir müssen alle modernen Mittel einsetzen, um die ganze Welt für Gott zu gewinnen."

Manche seiner Kameraden fingen zu lachen an und sagten: „Der spinnt." Aber ein paar waren bereit, mitzutun. So kam es, daß eines Abends sieben junge Männer in einer Kapelle in Rom vor dem Bild der Gottesmutter und ihrem Kind niederknieten. Maximilian hielt die Urkunde mit ihrem Versprechen in der Hand. Auf dem wichtigen Blatt Papier stand, daß sie sich bemühen wollten, die Sünder zu bekehren, besonders die Feinde der Kirche, und daß sie alle Menschen für Gott gewinnen wollten mit der Hilfe der Unbefleckten Gottesmutter Maria. Sie soll ihre Herrin, der Feldherr ihrer Kampftruppe sein. Diese Truppe soll heißen: ‚Militia Immaculatae', das ist lateinisch und heißt auf deutsch: Kampftruppe der Unbefleckten. Die Waffen dieser Kriegsschar: das Gebet und die Wundertätige Medaille.

Maximilian teilte diese Medaillen gerne den Menschen aus und nannte sie seine ‚Patronen'. Mit der Medaille hatte es folgende Bewandtnis: Im Jahre 1830 war die Gottesmutter in Paris einer Ordensschwester erschienen. Sie sah, wie sich unter den Füßen Marias eine Schlange wand. Von den Händen der hohen Frau gingen die Gnadenstrahlen Gottes aus. Um die Gestalt der Gottesmutter herum leuchtete ein Schriftband, auf dem zu lesen war: „O Maria, ohne Sünde empfangen, bitte für uns, die wir unsere Zuflucht zu dir nehmen." Maria sagte der Schwester, sie solle nach diesem Bild Medaillen machen lassen, und sie versprach: „Jeder, der die Medaille voller Vertrauen auf Gott trägt, wird von ihm besondere Gnaden erhalten." Und tatsächlich geschahen immer wieder Wunder und Zeichen, wenn Menschen die Medaille der Unbefleckten trugen. Mit solchen ‚Patronen' wollte Maximilian also schießen.

6 Harte Erprobung – schwere Zeiten

Kurze Zeit nach der Gründung seiner Kampftruppe wurde Maximilian zum Priester geweiht. Er war gerade 24 Jahre alt geworden und wurde nun Pater Maximilian genannt. Es war die Zeit des Ersten Weltkrieges, und die Völker standen sich in einem erbarmungslosen Kampf gegenüber. Auch Polen, die Heimat Maximilians, war in den Krieg verwickelt. Ein Jahr später, nach Beendigung seiner Studien, kehrte der Pater nach Polen zurück. Dort wirkte er als Lehrer für junge Männer, die Ordensleute und Priester werden wollten, und er gewann neue Mitglieder für seinen Feldzug gegen das Böse. Doch bald traf ihn und seine junge Gemeinschaft die erste harte Bewährungsprobe. Er wurde schwerkrank. Schon in Rom hatte er gespürt, daß seine Lunge nicht in Ordnung war. Das waren schöne Aussichten! Wie will man einen Krieg gewinnen mit kranken Leuten? Pater Maximilian aber war ganz ruhig. Er sagte zu seinen Freunden: „Es ist der Wille Gottes, daß ich gar nichts mehr arbeiten kann. Ich muß ins Krankenhaus gehen. Aber das macht nichts. Maria kann auch ohne mich arbeiten, ja, die Unbefleckte will uns zeigen, daß unsere Kampftruppe nicht mein Werk ist, sondern ihres. So wollen wir auch hier gehorsam sein und uns fügen."

„Aber was sollen wir tun ohne dich?" fragte einer seiner Freunde. „Warten und beten", antwortete er. „Wir bekommen Zeit, genauer nachzudenken, wie wir das Böse in der Welt bekämpfen können." Maximilian bekam zwei Jahre Zeit, nachzudenken und zu leiden.

Die schwere Krankheit warf ihn aufs Krankenlager, aber sein Geist war ungebrochen. Der Arzt sagte ihm, er müsse sich sehr schonen, dann könne er vielleicht noch ein paar Jahre leben.

Für Pater Maximilian war es nicht leicht. Sein Oberer verbot ihm für die ganze Zeit der Krankheit, zu arbeiten und sich um die Kampftruppe der Unbefleckten zu kümmern. Der Pater folgte und zog sich von allem zurück. Er dachte: Wenn unsere Pläne scheitern, dann nur, weil es unsere eigenen Pläne sind. Wenn es aber die Pläne Gottes und der Unbefleckten sind, dann kann nichts in der Welt unser Werk verhindern. So lernte Pater Maximilian, mehr und mehr gehorsam zu werden.

Jetzt übernahm Pater Alfons, sein Bruder, die Leitung der Gemeinschaft. Nach zwei Jahren kam Maximilian zurück. Er ging jetzt zu den Menschen, zu Studenten, Schülern, Arbeitern. Die Schar seiner Anhänger wurde immer größer. Die Säle, in denen er Vorträge hielt, wurden zu klein und reichten nicht mehr aus. Die Entfernungen wurden immer größer. Wir müssen mit den Leuten in Verbindung bleiben, dachte Pater Maximilian, wir müssen Briefe verschicken.

Er fing an, eine kleine Zeitung zu drucken, und nannte sie „Ritter der Unbefleckten“. Mit 5000 Exemplaren fing er an. Beim zweiten Mal waren es 10000 und beim sechsten Mal schon 50000 Zeitungen, die er verschickte. Im Kloster, in dem er wohnte, konnte man ihm kein Geld geben, die Zeitungen zu drucken. Er mußte das Geld selbst zusammenbetteln. Bei der letzten Rechnung aber fehlte das Geld völlig. Wie sollte er das bezahlen? Jetzt half die Gottesmutter persönlich. Am nächsten Morgen entdeckte Pater Maximilian nach der heiligen Messe auf dem Muttergottes-Altar einen Briefumschlag, auf dem stand: ‚Für meine liebe Mutter, die Immaculata‘. In dem Brief war genau der Geldbetrag, den er für die Bezahlung der Rechnung brauchte.

Auch später war es manchmal erstaunlich und wunderbar, wie der Pater zu dem nötigen Geld kam, das er für seine Zeitungen brauchte. Da Maximilian keine eigene Druckerei hatte, mußte er immer wieder schauen, wo jemand für ihn die Zeitung drucken konnte. „Auf die Dauer ist das nicht sicher und auch zu teuer", sagte er zu seinem Oberen. „Das beste wäre, ich hätte eine Druckmaschine." – „Wir haben kein Geld für solche Dinge", antwortete der Obere. Ein amerikanischer Mitbruder schenkte ihm hundert Dollar, und bald konnte unser Pater seine eigene kleine Druckerei einrichten. Doch nun wurde es seinen Mitbrüdern zu laut im Kloster. „Eine Druckerei im Kloster, unerhört!" sagten manche. „Schickt ihn mitsamt seiner Blechkiste ins alte Kloster nach Grodno!" Grodno war eine Stadt am anderen Ende Polens. „Das ist der Untergang seiner Pläne", sagten manche. „Dort wird er versauern."

Doch es sollte anders kommen!

7 Wozu sind Scherben noch nützlich?

Pater Maximilian schien am Ende zu sein. Nur wenige seiner Mitbrüder glaubten, daß seine Pläne einen Sinn hätten. Die meisten lachten über ihn: „Der will die Welt erobern mit nichts!"

Er hatte tatsächlich nichts außer seiner uralten Druckmaschine, die man noch mit der Hand drehen mußte. Damit zog er ins Kloster nach Grodno im Norden von Polen.

Das Haus dort war groß und alt, und Platz war genug vorhanden. Aber der Ort war weit weg von den großen Städten Warschau und Krakau. Auch hatte Maximilian zuerst nur zwei Mitarbeiter, von denen der eine bald starb. Die übrigen Patres im Haus waren alt und hatten kein Interesse an seiner Arbeit.

Maximilian war die treibende Kraft. Er schrieb die Berichte, half mit beim Drehen des großen Schwungrades der Druckmaschine und war auch dabei, wenn die Zeitungen verschickt wurden. Alle Fäden liefen in seiner Hand zusammen. Er war wie ein Motor, der alles antrieb durch sein Beispiel.

Die Leute lasen gerne, was er in seinen Heften schrieb. Er hatte so klare Gedanken und konnte die Dinge schildern, daß die Leute begeistert waren. Immer mehr wollten seine Zeitung. Wie ein Pferd einen Reiter trägt, so trug die Zeitung seine Gedanken zu den Menschen. Also nannte er seine Zeitung ‚Ritter der Immaculata'. Junge Ordensbrüder aus seiner Gemeinschaft halfen ihm bei der vielen Arbeit. Die Leute schrieben ihm Briefe und sagten, sie wollten mehr

lesen von ihm. Bald mußten sie mehr Zeitungen drucken und kamen gar nicht mehr nach. Die Brüder schufteten Tag und Nacht.

Was passiert, wenn bei einer Maschine der Motor ausfällt? Stillstand! Nichts läuft mehr. – Die Druckmaschine hatte keinen Motor, der kaputtgehen konnte. Pater Maximilian selber war der Motor. Aber dieser Motor fiel nun aus, weil der Pater wieder krank wurde. Doch nun wirkte die Unbefleckte ein unbegreifliches Wunder: Die Arbeit blieb auch ohne den Motor Maximilian nicht stehen. Im Gegenteil, sie wuchs. Dadurch zeigte es sich klar, daß nicht Pater Maximilian der eigentliche Motor war, sondern sie selber, die Gottesmutter.

Der Pater mußte wieder ins Bett, weil er Blut hustete. Wieder war seine Lunge krank. Er hatte zu hart gearbeitet. Er fühlte sich ganz elend und sagte: „Jetzt mußt du arbeiten, Unbefleckte! Ich kann nicht mehr. Schau her, ich bin nur noch ein Scherbenhaufen."

Wozu können Scherben nützlich sein, wenn man sie der Gottesmutter gibt? Sie kann das schönste Gefäß daraus bauen. Pater Maximilian gab ihr alles. Als Zeichen seiner Hingabe ließ er während seiner Krankheit einmal seine Brille und seine Uhr in die Kapelle tragen und zu Füßen der Muttergottes-Statue hinlegen. „Die Brille bedeutet meine Augen, meine Gedanken, meine ganze Arbeit; die Uhr aber bedeutet die Zeit, die mir noch übrigbleibt. Das alles gehört dir, Mutter, dir allein. Mir soll nichts mehr gehören. Mach du damit, was du willst!"

Die Unbefleckte antwortete ihrem kranken Pater auf wunderbare Weise: Ein Wunder war, daß Maximilians Zeitung immer mehr Abnehmer fand, obwohl die Zeit nach dem Krieg schlecht war und viele Zeitungen damals eingingen. Ein Wunder war, daß ‚Der Ritter' nicht einmal etwas kostete. Die Leute bezahlten freiwillig eine Spende, wenn sie konnten. Ein Wunder war auch, daß gescheite

 Leute wie Lehrer und Ärzte seine Zeitung so gern lasen wie die Arbeiter und Bauern. Sie sahen die Bilder von den Brüdern bei der Arbeit an der Druckmaschine, und jetzt geschah das größte Wunder: Junge Männer kamen und wollten mit Maximilian zusammenarbeiten. Zuerst einer, dann mehr, und bald konnte man nicht mehr alle aufnehmen.

Während der Pater krank war und nichts, aber auch gar nichts tun konnte, hatte die Unbefleckte seine Mitarbeiter vermehrt. Jetzt ging die Arbeit schnell von der Hand. Maximilians Bruder, Pater Alfons, übernahm die Leitung während der Krankheit. Einmal schrieb Maximilian in einem Brief: „Wenn ich mir manchmal Sorgen um unser Werk mache, dann sage ich mir: Dummkopf, was brauchst du dich zu sorgen, ist es dein Werk oder das Werk der Immaculata? Kann sie nicht besser auf ihre Sache aufpassen als ich? Also können wir ganz ruhig sein und ihr vertrauen."

Nach mehr als einem Jahr kam Maximilian wieder heim nach Grodno. Die Auflage seiner Zeitung hatte sich verdoppelt, ebenso die Zahl der Brüder, die mit ihm arbeiteten. Bald sah er, daß er bessere Maschinen brauchte. Kurze Zeit später kamen am Bahnhof geheimnisvolle große Pakete an: Druckmaschinen mit Motoren. Sie wurden ins Kloster gebracht und aufgestellt. Aber niemand konnte einen modernen Dieselmotor bedienen. Da klopfte ein junger Mechaniker ans Tor, der als Kandidat aufgenommen werden wollte. Unter seiner Hand wurden die wilden Motoren ganz zahm wie Lämmer, und die neue Druckerei ging tadellos.

Doch bald sollte auch in Grodno der Platz zu eng werden.

8 Wie eine Stadt entsteht

Pater Maximilian schrieb später einmal in einem Brief: „Die Immaculata nahm die elenden Scherben, um damit Gott zu verherrlichen. Sie versuchte, mit einem struppigen, alten Besen ein Meisterwerk zu malen. Der Besen bin ich, die Mutter Gottes ist der Maler."

Maximilian war wirklich ein armseliges Werkzeug. Doch für seine Druckerei wollte er die besten Maschinen. Manchmal hatten die Brüder nicht genug zu essen, aber für die Zeitung war nichts zu teuer. Bald platzte das Kloster Grodno aus den Nähten. Die alten Patres jedoch fühlten sich nicht mehr wohl in dem Haus mit den vielen modernen Maschinen und dem Lärm. Einer fragte einmal Pater Maximilian: „Was würde der heilige Franziskus wohl zu diesen teuren Maschinen sagen?" – „Er würde die Ärmel hochkrempeln und sich an die Arbeit machen", antwortete er.

Doch bald merkte er, daß er nach einem neuen Platz Ausschau halten mußte. In der Nähe Warschaus, der Hauptstadt Polens, entdeckte er einen großen Bauplatz, der verkäuflich war. Das erste, was der Pater tat? Er stellte die Statue der Immaculata dort auf und sagte ihr: „Hilf du, daß wir diesen Platz bekommen!" Doch er war zu teuer, und sein Oberer verbot ihm den Kauf. Pater Maximilian sagte dem Besitzer, einem Fürsten, daß er den Platz nicht kaufen könnte. „Was ist denn mit der Statue?" fragte der Mann. „Die mag dort stehen bleiben", war die Antwort. Einen Augenblick besann sich der Fürst, dann sagte er: „Ich schenke Ihnen den Platz."

Maximilian ging mit seinen Leuten sofort an die Arbeit. Die Brüder bauten das meiste mit eigener Hand. Sie hatten kein Geld, teure Arbeiter von einer Baufirma anzustellen. Die Bauern der Umgebung schauten zuerst neugierig zu, was die Brüder hier trieben, doch dann erschien eine Bauersfrau nach der anderen und brachte ihnen zu essen.

Die Brüder wollten nicht irgendein Haus bauen, sie bauten eine Stadt. Und sie hatten auch schon einen Namen: Niepokalanów, das ist polnisch und heißt auf deutsch: Immaculatastadt – Stadt der Unbefleckten.

Aber was für eine armselige Stadt entstand da: Zuerst bauten sie neben der Statue ein paar kleine Baracken, um darin zu übernachten. Es war schließlich schon Oktober, und nachts wurde es kalt. Maximilian ging allen bei der Arbeit mit gutem Beispiel voran. Er schaffte wie ein Wilder, obwohl die Ärzte ihm schwere Arbeit und besonders das Tragen von Lasten verboten hatten. Täglich kam er schwerbepackt von Warschau zurück, um für den nötigen Nachschub zu sorgen.

Seine Mitarbeiter sagten: „Pater Maximilian sorgt für uns wie ein Vater. Wir fühlen uns wohl bei ihm, wie zu Hause. Unter seiner Leitung geht die Arbeit schnell und leicht von der Hand."

Das erste größere Gebäude, das die Brüder errichteten, war die Kapelle. Dann entstanden die Baracken, einfache Holzhütten, in denen die vielen wertvollen Maschinen Platz fanden. Die Brüder selbst lebten in den armseligsten Behausungen. „Alles für die Immaculata", sagte Pater Maximilian, „nichts für uns." So lebten sie trotz der teuren Maschinen selbst ganz arm.

Im Jahr 1929 kletterte die Auflage der Zeitung über 100 000 Exemplare, verdoppelte sich fast jedes Jahr und 1939 hatte sie eine Million erreicht. Zuerst war es nur eine Monatszeitschrift. Dann wurde eine Zeitung für die Kinder gedruckt. Sie liebten den ‚Kleinen Ritter' ganz besonders. 1935 versuchte es Pater Maximilian mit seinen Brüdern zum ersten Mal mit einer Zeitung, die jeden Tag erscheinen und so billig sein sollte, daß sie sich jeder in Polen leisten konnte. Obwohl die großen Zeitungsbesitzer zuerst lachten und die ‚Kleine Zeitung' bekämpften, verging ihnen bald das Lachen. Sie wurden grün und blau vor Wut, als Pater Maximilians Zeitschrift immer mehr gekauft wurde und ihre weniger. Die ‚Kleine Zeitung' war weiß und blau gedruckt in den Farben der Mutter Gottes. Tausende von Zeitungsjungen trugen sie jeden Morgen aus, und fünf Pfennige hatte jeder dafür übrig.

Die großen Zeitungsverleger wollten mit ihren Schriften Geld verdienen, Maximilian ging es nicht ums Geld. Er wollte Menschen für Gott gewinnen. „Die haben es leicht“, schrien seine Gegner, „er braucht keine Löhne zu zahlen. Die arbeiten ja alle umsonst.“ Pater Maximilian gab zurück: „Macht es doch genauso, niemand hindert euch!“

Das Geheimnis des großen Erfolges lag aber nicht nur beim kleinen Preis. Vor dem Erscheinen der ersten Nummer hatten die 327 Brüder Tag und Nacht in ihrer Kirche gebetet. Dann erst ließen sie die Motoren an. Maximilian Kolbe hatte heilige Arbeiter, die fromm und fleißig waren und keine Minute faulenzten. „Alles für die Immaculata“ war ihr Leitspruch. In jedem Arbeitsraum stand eine Statue der Unbefleckten, und keiner begann morgens mit der Arbeit, ohne niederzuknien und zu beten.

Der heilige Franziskus hatte den Sonnengesang gedichtet: Sonne, Mond, Wasser, Feuer, alles soll Gott loben. Maximilian fügte an: „Schwester Rotationsmaschine, lobe den Herrn!“ So sangen all die Maschinen im Chor das Lob Gottes.

9 Die geheimnisvolle Energie

Der steile Aufstieg von Niepokalanow war das Ergebnis einer geheimnisvollen Kraft, von der alle erfüllt waren, die dort arbeiteten, sogar die Maschinen. Diese Kraft war der Wille, das Beste zu geben für die Unbefleckte. An sich selber dachten die Brüder nicht, sie lebten ganz arm. Ihre Zellen und Schlafräume waren einfach. Was brauchten sie auch! Sie beteten, arbeiteten, aßen und schliefen. Eine geheimnisvolle Begeisterung erfüllte sie. Man sah keinen, der faulenzte. Hatte man eine freie Minute, ging man in die Kapelle, um sich dort neue Kraft zu holen. Dort am Altar war die geheimnisvolle Kraftquelle, von der alle Brüder gespeist wurden.

Alles, was man in einer kleinen Stadt brauchte, gab es. Die Arbeitsbaracken lagen im Zentrum um die Kirche herum. Küche, Eßräume und Schlafsäle schlossen sich an. Am Waldrand lag ein kleines Krankenhaus für die alten und kranken Brüder. Für sie wurde am besten gesorgt. Die teuerste Medizin war gerade gut genug für sie. Pater Maximilian war selbst lange genug krank gewesen, um mit ihnen fühlen zu können. Jeden Tag besuchte er sie, auch wenn er noch so viele Arbeit hatte. „Sie sind meine besten Arbeiter", sagte er einmal. Er wußte, daß Gebet und Leiden die größten Energien sind, wenn man sie Gott aufopfert. „Durch sein Leiden hat Jesus alle erlöst. Wenn wir mit ihm leiden und sterben, helfen wir am besten, sein Reich auf dieser Welt auszubreiten."

Für die Ausbreitung des Reiches Gottes waren Pater Maximilian die modernsten Mittel gerade gut genug. Bald hatte Niepokalanow einen Geleisanschluß an die Eisenbahn nach Warschau, um den reibungslosen Transport zu gewährleisten. Die Brüder hatten auch eine eigene Feuerwehrmannschaft, die immer topfit war. Doch Pater Maximilian dachte an noch größere Dinge: Er plante einen Flughafen und wollte Piloten ausbilden lassen. Außerdem stand eine Rundfunkstation auf seiner Wunschliste.

Mittlerweile gab es in der Stadt der Immaculata sechs Patres und über siebenhundert Brüder. Man brauchte keine Aufpasser und Antreiber. Jeder wußte, was er zu tun hatte, und er tat es gerne. Alle arbeiteten freiwillig, so fest sie konnten. Jeder konnte den Arbeitsplatz wechseln, wenn er meinte, nicht an der richtigen Stelle zu stehen. Pater Kolbe wollte keine Arbeitssklaven, sondern freie Menschen. Er ermunterte sie, Verbesserungsvorschläge zu machen. So gefiel einem Bruder die amerikanische Adressiermaschine nicht. Sie war zu umständlich und zu langsam. Der Bruder erfand eine neue und baute sie. Nun ging es doppelt so schnell. Noch vieles andere wurde erfunden und verbessert.

Der Kopf der ganzen Stadt aber war und blieb Maximilian Kolbe. In seiner kleinen, armseligen Zelle liefen alle Fäden zusammen. Er war Chefredakteur, Seelsorger, schrieb Artikel, hörte sich alle Sorgen an und organisierte alles. Und doch war es ihm noch viel zu wenig. Er dachte nicht nur an Niepokalanow und Polen, er dachte an Europa, Asien, ja an die ganze Welt. In jedem Land müßte es so ein Niepokalanow geben! Er träumte davon, in ein anderes Land zu gehen und ein neues Werk zu gründen. Er wußte, daß seine Königin und Herrin es so wollte. Er wußte auch, daß nicht er wichtig war, sondern sie allein. Er ging in die Kapelle. Dort knieten seine Brüder zu Füßen der Mutter und holten sich Kraft für den ganzen Tag. Wie Kinder von ihrer Mutter dies und jenes erbetteln, so baten die Brüder die Mutter der Gnaden um Kraft und Ausdauer. Hier war die geheimnisvolle Energiequelle, aus der sie alle schöpften. Weil diese Mutter immer bei ihnen bleiben würde, wollten sie sich auch über den Verlust ihres Vaters trösten, wenn er bald in ein fernes Land ziehen würde.

Eines Tages kam hoher Besuch nach Niepokalanow. Von Moskau kamen einflußreiche Geschäftsleute, die sich einmal diese Stadt ansehen wollten, von der sie schon so viel gehört hatten. Sie kamen aus dem Staunen nicht mehr heraus. „Ich bin Kommunist", sagte einer der Gäste, „aber ich muß gestehen, daß ich hier zum ersten Mal unsere Gedanken verwirklicht sehe. Sie sind wahre Kommunisten." – „Ja, Kommunisten der Immaculata", lachte Pater Kolbe. In seinem Herzen dachte und hoffte er, daß die Statue der Unbefleckten auch bald auf dem Kreml in Moskau thronen werde, damit dort der wahre, der christliche Kommunismus Einzug halten kann, ohne Zwang und Gewalt, sondern in Liebe und Freiheit.

10 Im Fernen Osten

Pater Maximilian wollte die ganze Welt für Gott gewinnen. Deshalb wollte er zum entferntesten Punkt. Er war sicher, seine Herrin will es so. Deshalb ging er zu seinem Oberen: „Ich bitte, nach Japan reisen zu dürfen, um dort ein zweites Niepokalanow zu gründen." Der Obere fragte: „Haben Sie Geld?" Die Antwort: „Nein." – „Können Sie Japanisch?" – „Nein." „Haben Sie wenigstens Freunde dort, die Ihnen helfen können?" – „Noch nicht, aber Gott wird schon dafür sorgen. Entscheiden Sie, Herr Pater, ob ich gehen darf. Wenn Sie nein sagen, weiß ich, daß es die Immaculata nicht will. Wenn sie es aber will, können Sie nicht nein sagen."

In der folgenden Nacht schlief Pater Maximilian ganz ruhig, sein Oberer jedoch wälzte sich schlaflos im Bett. Er dachte, es ist verrückt, mit nichts in ein fernes Land zu ziehen. Aber dann dachte er daran, daß auch in Niepokalanow alles mit nichts angefangen hatte. Am nächsten Morgen wußte er, daß er seine Erlaubnis geben würde.

Im März 1930 ging Pater Maximilian mit vier Brüdern in Marseille in Südfrankreich an Bord eines Schiffes. Zuvor hatte er noch Lourdes besucht, wo seine Herrin, die Immaculata, der kleinen Bernadette erschienen war. Auch pilgerte er nach Lisieux, wo die heilige Theresia, die Patronin der Missionen, gelebt hat. Dann begann endlich die Fahrt von Marseille nach Indien. Dort sah sich Pater Kolbe um, erkundigte sich, führte Gespräche, um später auch hier eine Presse-Stadt aufzubauen. Dann fuhr er weiter nach China und versuchte dort dasselbe. Ende April kamen die fünf Franziskaner in Nagasaki in Japan an.

Als Pater Maximilian die rot blühenden Kirschbäume sah,

dachte er an den roten Kranz, den ihm die himmlische Mutter versprochen hatte. „Werde ich ihn hier bekommen?“ fragte er sich. In Nagasaki waren schon viele Christen für ihren Glauben umgebracht worden. Doch zum Träumen war keine Zeit. Die Brüder gingen sofort an die Arbeit.

Ungläubig schauten die Mitbrüder genau vier Wochen später auf ein Telegramm aus Japan: „Versenden heute die erste Nummer, haben Druckerei. Es lebe die Immaculata!“

Für Maximilian Kolbe gab es kein ‚Unmöglich‘. Doch unter welchen Entbehrungen schufteten sie! Die Leute waren zuerst mißtrauisch. Erst später, als sie merkten, wie arm und selbstlos die Brüder waren, kamen sie und halfen mit. Das schlimmste für die polnischen Mägen war das japanische Essen. Sie wurden ganz krank davon. Aber Mühe, Gebet, Krankheit und Leid waren wie immer die heimlichen Kraftquellen für den Erfolg des Werkes.

Alle hatten das Unternehmen Pater Maximilians für aussichtslos gehalten, sogar der Bischof von Nagasaki. Aber wie damals in Grodno hatten die Brüder mit einer alten Handpresse schier Unmögliches geleistet. Japanische Priester halfen ihnen, sich in den zweitausend Buchstaben und Zeichen der japanischen Sprache zurechtzufinden.

Pater Maximilian war begeistert, als die Auflage seiner Zeitung 10000 erreichte. Fünf Jahre später wird er die größte katholische Zeitung von Japan haben! Da schmiedete er schon Pläne für Indien. Aber auch Sorgen und Prüfungen blieben nicht aus. Er wurde wieder krank. Dann wurde er nach Polen zurückgerufen, und drei Monate später war das Werk in Japan beinahe zusammengebrochen. Er kam als Retter in letzter Stunde zurück und merkte, daß sein Werk eine feste, solide Grundlage brauchte. Deshalb kaufte er ein Gelände an einem fernen Berghang von Nagasaki, und gegen alle Widerstände setzte er es durch, dort zu bauen.

Erst viele Jahre später, als in Nagasaki die Atombombe explodierte, verstanden die Brüder, warum Pater Maximilian den abgelegenen Berghang gewählt hatte. Mugenzei-no-Sono, der ‚Garten der Unbefleckten', blieb von der Atombombe unversehrt. Wer hatte es dem Pater gesagt?

Auf einer zweiten Fahrt nach Polen bemühte sich Pater Kolbe um die Gründung eines Zentrums in Indien. Wieder kehrte er nach Japan zurück und half, eine große Kirche zu bauen. Dann wurde er zum dritten Mal nach Polen zurückgerufen. Man machte ihn dort zum Oberen von Niepokalanow, und traurig fügte er sich. Wie gerne wäre er nach Japan und in die fernen Länder des Ostens zurückgekehrt. Er wollte doch die rote Krone des Martyriums gewinnen. Wie sollte ihm diese nun geschenkt werden?

Doch die Mutter hielt sie ihm schon in Polen bereit. Pater Maximilian ahnte, daß ihm nicht mehr viel Zeit blieb. Diese Zeit nutzte er zu harter Arbeit, ohne Gebet und Opfer zu vergessen. Auch seine Mitbrüder bereitete er auf die Verfolgung vor, die bald hereinbrechen sollte.

11 Die braunen Wölfe

Man schrieb das Jahr 1939. Über Europa braute sich ein schweres Gewitter zusammen. In Deutschland hatten die braunen Wölfe schon zu heulen begonnen. Schon seit sieben Jahren waren die Nationalsozialisten (Nazis) mit Adolf Hitler an der Macht. Noch ahnte niemand den nahen Krieg, doch Pater Kolbe wußte es. In vielen Gesprächen und Vorträgen bereitete er seine Brüder darauf vor: „Wenn man uns tötet", sagte er, „was ist das anderes als eine Gratisfahrkarte zum Himmel? Hier können wir ja nur mit einer Hand arbeiten, weil wir uns mit der anderen Hand festhalten müssen, um nicht zu fallen. Aber im Himmel werden wir alle Hände frei haben. Da werden wir noch für unsere Mörder beten, um sie zu bekehren. Freut euch also, Brüder, denn bald erhalten wir die Siegeskrone. Und die Königin des Himmels selbst wird sie uns überreichen."

Im September 1939 brach der Blitzkrieg über Polen herein. Wie gewaltige Raubvögel drangen Hitlers Bomber ins Land ein und warfen ihre tödliche Last auf die Städte. Bald stand die Front ganz nahe Niepokalanow. In aller Eile wurde ein Lazarett eingerichtet. Pater Kolbe war wie ein Vater, und seine bloße Gegenwart wirkte schon beruhigend. Und dann hatten die Wölfe in ihren braunen Uniformen das Gelände eingekreist. Die Brüder wurden auf dem Klosterhof zusammengetrieben und in Lastwagen abtransportiert: in ein Konzentrationslager (KZ). Die Gefangenen wurden von ih-

ren Bewachern unmenschlich behandelt, das Essen war knapp und schlecht, die Arbeit hart. Doch Maximilian Kolbe war stets freundlich und froh, obwohl ihm die schwache Gesundheit schwer zu schaffen machte. Die Gefangenen fragten sich immer wieder nach dem Geheimnis seiner Heiterkeit und Freude. Sie konnten nicht wissen, daß Pater Maximilian fühlte, wie nahe die Krone der Herrlichkeit war. Doch wollte er möglichst viele Menschen mit zu seiner Königin ins Himmelreich bringen. So tröstete er die anderen, machte ihnen Mut und betete mit ihnen.

Für kurze Zeit kamen er und seine Brüder noch einmal frei, sie konnten sogar noch einmal eine Zeitung drucken. Pater Kolbe schrieb: „Niemand in der Welt kann die Wahrheit verändern. Wir können nur eins: sie suchen, finden und danach leben." Den braunen Wölfen gefiel das gar nicht, und sie verhafteten ihn wieder. Er begrüßte sie mit dem Gruß, der in Polen seit alters her üblich ist: „Gelobt sei Jesus Christus." Sie aber lachten nur und brachten ihn in einem schwarzen Auto fort.

Pater Kolbe lächelte glücklich. Jetzt endlich wurde es wahr. Er trat in die Fußstapfen seines leidenden Herrn. Er wußte, daß der Tod für Christus der höchste Sieg ist. Er dachte an seine Herrin, die Immaculata, die unter dem Kreuz ihres Sohnes ausgehalten und mitgelitten hatte. Jetzt darf auch ich mitleiden, dachte er. Er war froh, weil er wußte, daß durch das Leiden Jesu alle Menschen erlöst sind. Er freute sich, daß er mit dem Herrn und für ihn so Schweres erdulden durfte, denn er wollte durch sein Leiden auch Menschen für Gott gewinnen. Sein ganzes Leben hatte er für die Bekehrung der Menschen gearbeitet. Jetzt kam das schwerste und wichtigste Stück Arbeit.

In der Zelle 103 saß Pater Maximilian mitten unter den Mitgefangenen. Er betete mit ihnen. Viele beichteten bei ihm und freuten sich, daß sie in diesen schweren Stunden einen Priester bei sich hatten. Da trat ein SS-Führer in die Gefängniszelle. Als er das Ordenskleid und den Rosenkranz in der Hand des Priesters sah, packte ihn die Wut.

„Du Dreckpfaff, sag, glaubst du an Jesus Christus?"

„Ja, ich glaube", rief freudig der Priester. Ein Schlag traf ihn mitten ins Gesicht.

„Na, glaubst du immer noch?"

„Ja, ich glaube."

Ein Hagel von Schlägen prasselte auf Pater Kolbe nieder, und sein Gesicht wurde weiß und dann blau.

„Na, sagst du immer noch, daß du glaubst?"

„O ja", antwortete der Gefragte ruhig. „Auch Jesus wurde geschlagen."

Da kannte die Wut des Schergen keine Grenze mehr. Mit geballten Fäusten schlug er auf die schmale Gestalt des Priesters ein. Pater Kolbe brach zusammen. Dann trat ihn der SS-Mann mit den Stiefeln, bis sich sein Opfer nicht mehr rührte. Fluchend stürmte der braun Uniformierte davon und schlug die Türe zu.

Die Kameraden rüttelten Pater Maximilian. Als er wieder bei Bewußtsein war, beruhigte er sie. Aus seinem verschwollenen Mund hörten sie die Worte: „Freunde, freut euch mit mir. Das Leiden ist für die Rettung der Seelen. Preis der Immaculata!"

12 Der rote Kranz

Im KZ Auschwitz ging es den Gefangenen sehr schlecht. Kälte, Hunger, schwere körperliche Arbeit, Schikanen, unmenschliche Behandlung und Erniedrigung ohne Ende. Doch Pater Maximilian war immer ruhig und zufrieden. Er ließ sich nicht dazu verleiten, diese Menschen zu hassen. „Haß ist keine aufbauende Kraft", sagte er, „nur die Liebe baut auf." Er liebte alle Menschen, besonders seine Peiniger, die ihn nur einen Saupfaffen nannten und die Peitsche bei ihm am liebsten benutzten.

Bald hatte die schwere Arbeit alle Kräfte seines Körpers aufgezehrt. Er wurde wieder so krank, daß man ihn ins Krankenrevier verlegte. Dort gab es unter den Sterbenden für ihn, der selbst todkrank war, viel Arbeit. Viele konnten vorher noch beichten, und nur Gott weiß, wie vielen Pater Kolbe hier in den Himmel geholfen hat. Er belegte einen Platz am Ausgang, um für die Toten zu beten, die man hinaustrug. Mitten in der Hölle wurde Pater Maximilian ein Licht, das Trost und Hoffnung denen gab, die sich ganz verlassen fühlten.

Ein Tag Ende Juli 1941: In Block 14, dem Block Pater Kolbes, fehlte ein Gefangener. Die Häftlinge wußten, was das bedeutete: Wenn einer flieht, müssen zwanzig andere dafür sterben. Sie müssen verhungern.

Tödliche Angst griff um sich. Alle wußten, wie schrecklich es ist, wochenlang in einer Zelle zu liegen ohne Essen und Trinken.

Am Morgen mußten alle zum Appell antreten. Der Lagerführer stand vor ihnen: „Der Ausbrecher ist nicht gefaßt worden. Zehn von euch werden dafür in den Hungerbunker gehen. Das nächste Mal kommen zwanzig dran.“ Dann ging der Mann an den Reihen entlang und schaute jeden genau an. „Der da, und der, und du dort, und ..." Einer schrie mit erstickter Stimme: „Meine Frau und meine armen Kinder!"

Plötzlich geschah etwas Unerhörtes: Ein Häftling wagte es, aus der Reihe zu treten. Der Lagerführer sprang zurück und griff nach der Pistole. „Halt! Was will das Schwein?"

Pater Maximilian blieb vor ihm stehen. Leise sagte er: „Erlauben Sie mir, für einen der Verurteilten zu sterben."

Der Mann war verblüfft. So etwas hatte er noch nie erlebt. „Wer bist du?"

„Ein katholischer Priester."

„Für wen willst du das tun?"

„Für den da." Pater Kolbe deutete auf den, der geschrien hatte.

„Meinetwegen", antwortete der Mann in Uniform.

Der Gerettete durfte in die Reihe zurücktreten, und Pater Maximilian blieb für ihn in der Gruppe der Todeskandidaten.

Man sperrte sie alle in einen Kellerbunker und ließ sie allein. Die erste Woche war noch erträglich. Der Pater bereitete behutsam alle seine Kameraden auf den Tod vor. Man hörte täglich Beten und Singen aus der Todeszelle. Die Wächter sagten, so etwas hätten sie noch nie erlebt.

Dann begannen die ersten zu verzweifeln. Ihre ausgemergelten Körper verlangten Speise und Trank. Das schlimmste war der unerträgliche Durst. Pater Kolbe tröstete sie. Die ersten wurden schwach und verloren das Bewußtsein. Schon nach zwei Wochen begann das Sterben. Die ausgetrockneten Kehlen verlangten nach Wasser, aber niemand gab es ihnen.

Verdursten und Verhungern ist eine der grausamsten Todesarten. Pater Maximilian Kolbe war aber dennoch heiter. Bald war er unter den letzten noch Lebenden. Fast war es ein Wunder, daß er, den vor vielen Jahren die Ärzte fast aufgegeben hatten, am längsten lebte. Sein Geist und sein starker Wille zwangen den Körper, zu leben, bis er allen seinen Kameraden die Augen zugedrückt hatte. Er hatte sein ganzes Leben gelernt, Schmerz und Anstrengung auszuhalten, und sein Körper mußte sich fügen. Jetzt wollte er ihn als letztes und höchstes Opfer Gott im Tod schenken.

Seinen Henkern wurde die Zeit zu lange. Sie brauchten die Zelle für neue Todeskandidaten. Ein Mann wurde zu Pater Kolbe geschickt mit einer Giftspritze. Der Pater streckte ihm bereitwillig den Arm entgegen, um den Tod zu empfangen.

Einer der Wächter, die die Zelle reinigten, sagte später: „Die Toten des Hungerbunkers waren oft schmutzig und hatten einen bitteren Gesichtsausdruck. Pater Maximilian aber war heiter, seine Züge zeigten ein gelöstes Lächeln, und sein Körper war rein und sauber."

Ob er im Tod seine Königin gesehen hat, wie sie ihm mit den beiden Kronen entgegenging?

Vierzig Jahre später

Wenn in den stürmischen Wellen des Meeres ein Schiff versinkt, verläßt es der Kapitän erst, wenn alle anderen Passagiere gerettet sind. Genauso hatte Pater Kolbe im Hungerbunker gehandelt. Erst nachdem er allen Kameraden im Tod tröstend beigestanden war, starb er selbst und verließ so den düsteren Platz seines letzten und schwersten Kampfes.

Pater Kolbe war ein Held, wie es sich für einen Soldaten der Unbefleckten gehört. Deswegen vergaßen ihn die Menschen nicht.

Die Nachricht von seinen Taten drang auch nach Rom zum Heiligen Vater. Dieser las alle Dokumente und Zeugenberichte genau durch. Dann sprach er Pater Maximilian Kolbe vierzig Jahre nach seinem Tod im Hungerbunker heilig. Durch diese feierliche Erklärung im Petersdom bestätigte die Kirche das, was die vielen Menschen schon lange glaubten, die den Pater in Polen, Japan und im Konzentrationslager Auschwitz kennengelernt hatten: Maximilian Kolbe hat die Krone des Lebens verdient. Er hat sie von Gott empfangen. Er lebt in der Herrlichkeit bei Gott.

Wenn wir aber Pater Maximilian fragen könnten, wie er so groß und gut geworden ist, dann würde er bestimmt antworten: „Die Unbefleckte Mutter Gottes, Maria, meine Königin, hat das fertiggebracht. Sie hat mir den weißen und roten Kranz geschenkt. Ich habe die beiden Kronen nur nehmen brauchen. Wie? Indem ich mich mein ganzes Leben von der Immaculata führen ließ!“

M. Kolbe, 1894–1941. Letztes Foto, entstanden Ende 1939

Lebensdaten

Zusammengestellt auf Grund der ausführlichen Biographie von Kinga Strzelecka OSU, Maksymilian M. Kolbe. Für andere leben und sterben. Mit einem Vorwort von Bischof Georg Moser. Verlag Herder, Freiburg/Basel/Wien 1981, 238 Seiten gebunden.

8. 1. 1894	Rajmund Kolbe, der zweite Sohn Marianna und Juliusz Kolbes, in Zduńska Wola geboren
29. 6. 1902	Erste heilige Kommunion. Ab Schuljahr 1904/05 Besuch der Handelsschule
1907	Eintritt in das Kleine Seminar der Franziskaner in Lwow (Lemberg). Beginn des Studiums zusammen mit seinem Bruder Franciszek

1910	Eintritt in den Orden der Franziskaner-Minoriten; 5. 9. 1911 Ablegung der zeitlichen Gelübde. Fortsetzung der Studien in Krakau, ab November 1912 in Rom am Collegium Seraphicum und an der Universität Gregoriana
1. 11. 1914	Ablegung der feierlichen Ordensgelübde
17. 10. 1917	Erste Versammlung der „Gefolgschaft der Unbefleckten" im Kolleg in Rom. Beginn der Lungenkrankheit
28. 4. 1918	Priesterweihe in Rom. Studienabschluß, am 22. 8. 1918 Promotion zum Dr. theol., Rückkehr nach Polen, Tätigkeit am Höheren Ordensseminar in Krakau. Rasche Ausbreitung der „Gefolgschaft der Unbefleckten"
1920/21	Monatelange Kuraufenthalte in Zakopane und Nieszawa
1922	Erste Nummer der Zeitschrift „Ritter der Unbefleckten". Übersiedlung nach Grodno, Einrichtung einer Druckerei. Wachsende Entwicklung der Zeitschrift. Von Oktober 1926 bis April 1927 wieder krank in Zakopane
1927	Übersiedlung und Gründung des Klosters Niepokalanów. Weiterer Ausbau des Verlags. 1929 Eröffnung eines Internats für Jungen mit Interesse am Ordensberuf und missionarischer Arbeit
1930	Missionspläne; Reise nach Rom und Frankreich (Lourdes, Lisieux, Paris). 7. 3. 1930 Abreise von Marseille aus nach dem Fernen Osten zusammen mit vier Ordensbrüdern. Über Ceylon, Singapur, Saigon, Hongkong nach Schanghai. 24. 4. 1930 Ankunft in Nagasaki. August/September erste Nummer der japanischen Ausgabe des „Ritters der Unbefleckten"
1931	Einrichtung eines eigenen Klosters. Große Schwierigkeiten, Entbehrungen und Leiden. 1933 Reise zum Ordenskapitel nach Krakau. Günstige Entwicklung des japanischen Klosters, Bau von Kirche, Internat und Schule. Nach sechs Jahren Aufbauarbeit in Japan 1936 Rückkehr nach Polen

1936	Wieder in Niepokalanów. Weiterer innerer und äußerer Ausbau seiner Gründung. Dezember 1938 erreicht die Zeitschrift „Ritter der Unbefleckten“ eine Auflage von 1 Million Exemplaren. Daneben Zeitschrift für Kinder und Jugendliche (seit 1933), Tageszeitung (seit 1935), Zeitschrift für kleinere Kinder (seit 1938) und zahlreiche weitere Projekte
1. 9.1939	Beginn des Zweiten Weltkriegs. 6. 9. 1939 Evakuierung des größten Teils der Brüder des Klosters, das damals 772 Mitglieder zählte. 19. 9. 1939 Verhaftung von Pater M. Kolbe und der meisten verbliebenen Brüder, Überführung in verschiedene Lager. Am 8. 12. 1939 wird er entlassen
17. 2. 1941	Verhaftung durch die Gestapo, Einlieferung in das berüchtigte Warschauer Gefängnis für politische Gefangene Pawiak. Am 28. 5. 1941 Abtransport in das Konzentrationslager Auschwitz. Ende Juli opfert er sich freiwillig anstelle eines zum Todesbunker verurteilten Häftlings
14. 8. 1941	Tod Pater Maksymilian Kolbes. Der Leichnam wird verbrannt (sehr wahrscheinlich am 15. August, dem Fest Mariä Himmelfahrt)
Nach 1945	Wachsende Verehrung Pater Kolbes, 1946 erste Biographie über ihn von Jan Dobraczyński. Einleitung des kirchlichen Seligsprechungsprozesses. Als erster bat der Bischof von Nagasaki am 7. 4. 1948 den Papst um die Seligsprechung Kolbes. Gemeinsame Bitte der polnischen und deutschen Bischöfe 1963 während des Zweiten Vatikanischen Konzils
17. 10. 1971	Seligsprechung durch Papst Paul VI. in Rom
19. 10. 1973	Gründung des Maximilian-Kolbe-Werks der deutschen Katholiken. Es will ehemaligen polnischen KZ-Häftlingen und ihren notleidenden Familienangehörigen helfen (Adresse: Maximilian-Kolbe-Werk, Karlstraße 40, 7800 Freiburg im Breisgau)
10. 10. 1982	Heiligsprechung von Pater Maksymilian M. Kolbe durch Papst Johannes Paul II. in der Peterskirche in Rom